CATALOGUE

DES

ŒUVRES

DE

Ringel d'Illzach

ARTISTE SCULPTEUR

Dont la vente aura lieu

à Paris, **HOTEL DROUOT**, Salle N° 10

Le Lundi 21 Mars 1904, à 2 heures 1 2

COMMISSAIRE-PRISEUR :	EXPERTS :
M. LARBEPENET	**MM. PAULME & B. LASQUIN Fils**
23, rue de Choiseul	*10, rue Chauchat - 12, rue Laffitte*

chez lesquels se trouve le présent Catalogue.

EXPOSITION PUBLIQUE

Le Dimanche 20 Mars, Salle N° 10 de 1 h. 1 2 à 5 h. 1 2

CONDITIONS DE LA VENTE

Elle sera faite au comptant.

Les acquéreurs paieront *dix pour cent* en sus des prix d'adjudication.

L'Exposition mettant le public à même de se rendre compte de l'état et de la nature des pièces, aucune réclamation ne sera admise une fois l'adjudication prononcée.

PRÉFACE

Lorsque, il y a un peu plus de vingt ans, on vit au Salon, alors installé au Palais de l'Industrie, cette mâle figure d'homme, jouant de la basse, et symbolisant dans l'esprit de l'artiste, la marche de Rakoczy, au rythme guerrier, ce fut, autour de Ringel le glorieux murmure par où s'affirment les succès unanimes. Tout le monde voulait voir et admirer cette silhouette sombre et expressive, en sa polychromie réaliste, cet archet nerveux arrachant des cordes de l'instrument la voix déchirante qui doit devenir la voix triomphante, ce corps mince, torturé comme une branche d'arbre battue par la tempête, et traduisant la géhenne de toute une race autour du berceau enchaîné.

Depuis cette œuvre, dont on trouvera plus loin une réduction extraordinairement heureuse de patine, Ringel d'Illzach a créé beaucoup de morceaux, où son effort de sculpteur apparaît robuste et aigu, mais d'une signification parfois un peu difficile pour la foule. Et c'est pour cela qu'à mesure qu'il grandissait dans l'estime des délicats et des connaisseurs, il demeurait obstinément pour le commun du public, pour celui qui fait les renommées populaires, l'auteur de la statue : la Marche de Rakoczy, statue dont l'État fut acquéreur, mais que l'État, soit dit en passant, a, depuis, si bien cachée, qu'il ne sait plus même où elle est.

Toute la carrière de Ringel en effet, n'est qu'une continuelle recherche : tantôt l'artiste s'applique à élargir le vocabulaire de l'expression plastique en symbolisant par la forme des idées que l'on pensait devoir se dérober à l'interprétation concrète de cette forme ; tantôt il demande à des matières, inemployées en statuaire, ou à des mariages de matières, un mode de réalisation qui concorde plus complètement avec sa pensée ; et dans tout ce qu'il crée, on sent une qualité précieuse d'art. La cire, les métaux, le verre, le marbre, l'ivoire, le kaolin le sollicitent, et dans les pièces plus loin cataloguées, on voit avec quel rare bonheur il a tiré parti de leur emploi ou de leur mélange. N'eût-il que cette vertu de haïr la banalité, il faudrait le louer entièrement de son effort.

Mais il y a d'autres mérites encore chez Ringel ; il y a le tour original, jusqu'à l'audace, de sa pensée ; il y a ce concept, étrange parfois, mais toujours élevé, qui imprime à son inspiration, je ne sais quelle fougue empreinte de mystère.

Il y a chez lui une âme qui se recueille et qui s'exalte, une âme dont le cantique, berceur d'angoisses, éclate en des clameurs superbes, une âme dont l'aile à l'envergure large s'envole, hardie, pour l'escalade de l'infini !

Citerai-je quelques œuvres parmi celles qui sont plus loin cataloguées ? J'hésite, et cependant, au moment où ces morceaux d'art vont être dispersés, il me prend un désir irrésistible de leur adresser un public adieu : c'est cette figure d'un si beau caractère : Yago ; ce sont ces trois expressions tragiques, presque religieuses en leur signification de surhumanité, la Guerre, la Défaite, la Victoire ; ce sont ces visages de femme à l'aide desquelles Ringel, en délicat, évoque en nos souvenirs l'œuvre symphonique de Beethoven, très curieux ensemble, qu'un musicien, espérons-le, ne laissera pas diviser, et qui trouvera une place en un foyer où l'on en *comprendra la belle synthèse plastique. Ce sont encore ces porcelaines, pièces uniques modelées par l'artiste et cuites par Chaplet, le plus illustre des potiers d'art français du XIXe siècle ; c'est cette rare série de masques, ce Rollinat qui transparaît dans le verre fondu avec des étincellements de diamants ; ces émaux, ces médailles, ces bronzes, toutes ces choses qui vont aller enrichir les collections de leur rayonnement.*

Dans un siècle d'ici, quand on trouvera dans l'immobilité silencieuse d'un musée une de ces œuvres où Ringel a dépensé tant d'imagination noblement inquiète, tant d'effort vers une technique précieuse, émancipée des conventions et des traditions, on découvrira en elle le secret de son immuable beauté, qui échappe parfois à la compréhension contemporaine, faute de recul ; et l'on n'aura pas assez de louanges ni de respect pour l'homme qui l'aura créée. Je souhaite que le public n'attende pas cet avenir tardif pour rendre hommage au mérite de l'artiste : je suis convaincu d'ailleurs, qu'aux prochaines enchères, il y aura des amateurs éclairés pour se disputer ces œuvres rares, qui marqueront parmi les plus originales des vingt dernières années.

L. ROGER-MILÈS.

Février 1904.

DÉSIGNATION

CIRE INALTÉRABLE
AVEC ÉMAUX ET MÉTAUX

1.   Yago.
   Buste en cire polychrome inaltérable et métal.

2.   La Défaite.
   Buste allégorique en cire polychrome inaltérable. plomb. émaux agglomérés. fer. cuivre
   et bois.

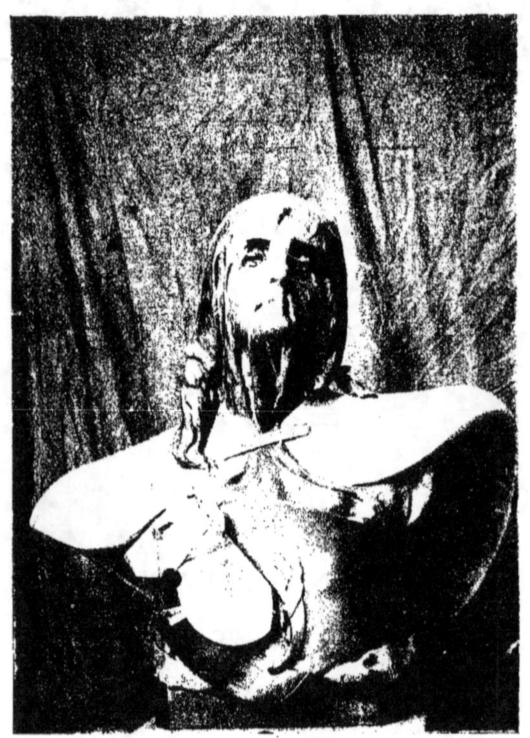

N° 2 du Catalogue.

3. — La Victoire.

Important buste allégorique en cire polychrome inaltérable, bronze, cristal, émaux,
bois, étain, fer, etc.

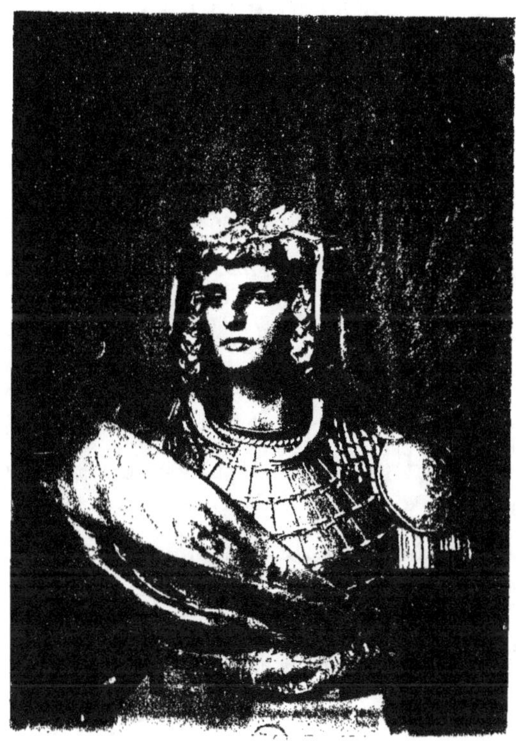

4. — La Guerre.

Buste allégorique en cire polychrome inaltérable, émaux agglomérés, cuivre et fer.

CIRE POLYCHROME
INALTÉRABLE

5. — Sarah Bernhardt.
Buste en cire polychrome inaltérable.

6. — Six symphonies de Beethoven.
Bustes en cire polychrome inaltérable.
1re Symphonie en *ut majeur.*
2e   *ré majeur.*
3e   *l'Héroïque.*
4e   *si bémol.*
5e   *ut mineur.*
6e   *Pastorale.*

7. — Blaise Pascal (jeune).
Buste en cire polychrome inaltérable.

8. — Huit masques de têtes de Femmes.
Cire polychrome inaltérable.

9. — Médaillon de femme.
Cire polychrome inaltérable.

10. — Masque de Charcot.
Cire polychrome inaltérable.

11. — La Guerre.
Masque en cire polychrome inaltérable.

PLATRE & CIRE INALTÉRABLES

12. — Mon œuvre.
Bas-relief de forme ovalisée.
Plâtre et cire polychromée.

13. **Hommage à Berlioz.**
   Plâtre polychromé à la cire inaltérable.

14. — **La Réclame.**
   Statue en plâtre et cire polychromée inaltérable.   Hauteur : 2 m.

15. — **La marche de Rakoczy.**
   Réduction polychromée a la cire inaltérable.
   Méd. d'arg. à l'Exp. univ.. 1889.

TERRES CUITES

16. — **Buste de Saint Jean.**
   Terre cuite.

17. — **Sarah Bernhardt.**
   Buste en terre cuite.

18. — **Buste d'homme barbu.**
   Terre cuite modelée en creux.

PLATRES

19. **Boérine.**
   Buste en plâtre.

20. — **Porte-parapluie.**
   Modèle en plâtre avec droit de reproduction.

21. — **Cache-pot.**
   Modèle en plâtre avec droit de reproduction.

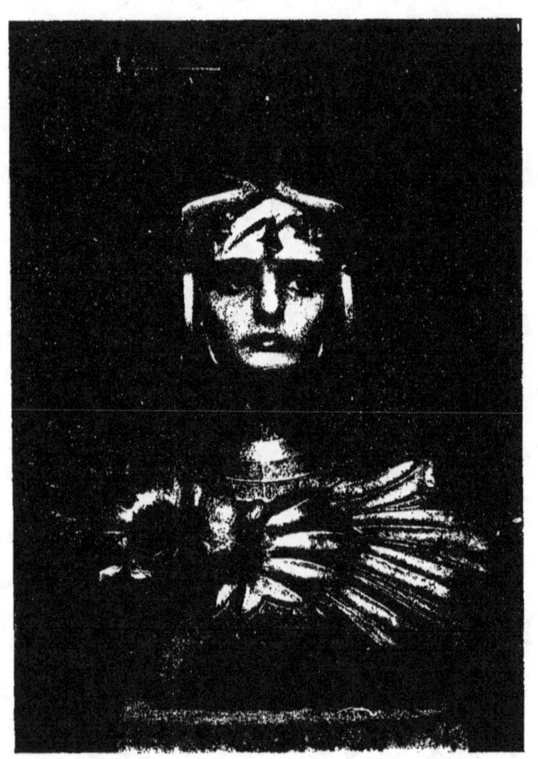

N° 4 du Catalogue.

22. — **Parisienne.**
   Plâtre original, avec droit de reproduction.
   Méd. d'arg. à l'Exp. univer. de 1889.

23. — **Yago.**
   Buste original en plâtre.

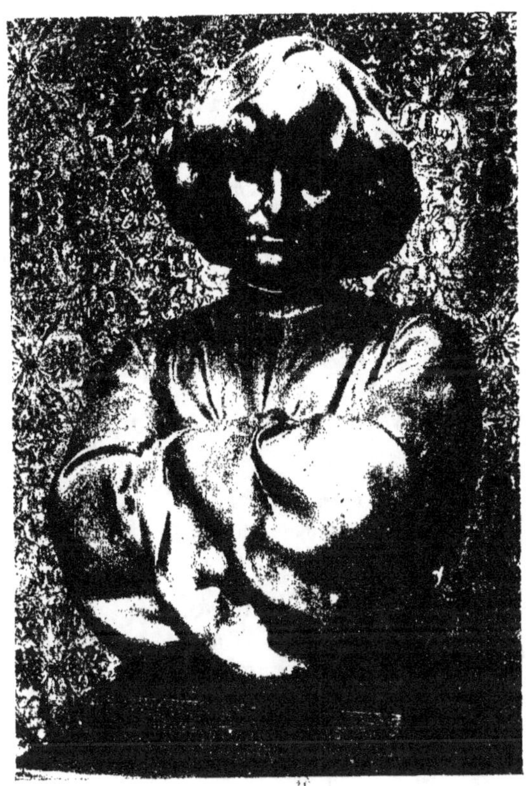

N° 1 du Catalogue.

24.   La Guerre.
   Buste original en plâtre.

25.   La Victoire.
   Buste original en plâtre

26.   La Défaite.
   Buste original en plâtre.

27.   Huit symphonies de Beethoven.
   Bustes originaux en plâtre.
   1re Symphonie en *ut majeur.*
   2e   *ré majeur.*
   3e   *l'Héroïque.*
   4e   *si bémol.*
   5e   *ut mineur.*
   6e   *Pastorale.*
   7e   *la majeur.*
   8e   avec chœurs.

PORCELAINES AU GRAND FEU

28.   — Duel de mages.
   Porcelaine originale modelée en creux, couverte émail blanc 4me feu.

29.   — Le Sâr et la Duchesse.
   Porcelaine originale modelée en creux, couverte émail blanc, 4me feu

30.   — Les Spirites.
   Porcelaine modelée en creux, couverte émail
   blanc 4me feu.

31.   — Grosse mouche.
   Porcelaine modelée en creux, couverte émail
   blanc 3e feu.

32.   — Grotesque.
   Porcelaine modelée en creux, couverte émail
   blanc 4me feu.

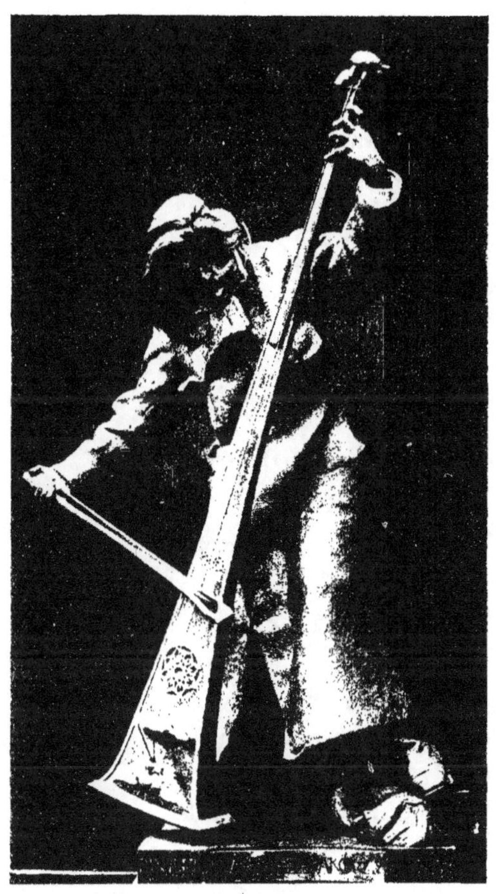

33. -- Têtard.
Porcelaine modelée. couverte émail blanc.
3ᵐᵉ feu.

ÉMAUX, CRISTAUX, VERRES

34.   Deux vases : liserons et feuilles de châtaignier.
En émail moulé sur nature.

35.   Femme au chapeau.
Émail.

36.   Femme à la mantille.
Émail.

37. — Femme chevelue.
Émail.

38. — Femme trois quarts.
Émail.

39. — Jeune fille en cheveux.
Émail.

40.   Fillette au béret
Émail.

41. — Vase liseron.
Émail moulé sur nature.
(Du Musée Galliéra)

42.   Médaille du Pape Pie IX.
Reproduction en émail.

43.   Revers de la médaille précédente.
En verre.

44.   Tête d'homme.
Médaille en émail.

45. — Six pommes d'ombrelles.
En émail.

46. — Trois plaques d'instruments de
musique.
En émail.

47. — Tire-lire.
En verre et émail.

48. — Masque de femme.
En cristal coulé sur terre molle.

49. — Rat, presse-papier.
Verre.
(A figuré au Musée Galliéra.

50. — Échassier, encrier.
Émail.
(A figuré au Musée Galliéra)

51. — Portrait d'Henrivaux.
Médaillon en verre.

52. — Portrait de Rollinat, médaillon.
Verre.
(A figuré au Musée Galliéra)

53. — Portrait de Rollinat, médaillon.
Émaux.
(A figuré au Musée Galliéra).

54. — Médaille en verre.

55. — Médaille en cristal.

56. — Laurent de Médicis.
En cristal.

57. — Un lot de médailles.
En verre et émail.

58. Cache-pot.
En pierre et émaux.

59. Bague en or et émaux.

60. Baguier vide-poche.
Argent, cuivre battu et émail.

MARBRES

61. — Fillette au béret.
Masque en marbre.

62. — La Perversité.
Buste marbre.

BRONZES

63. — Médaillon de femme.
Bronze fondu sur terre molle.
Médaille d'Argent. Exposition Universelle 1900

64. — Mon Œuvre.
Bas-relief de forme ovalisée, en bronze.

65. — Médaillon d'Alexandre Dumas fils.
Bronze fondu sur terre molle.

66 — Médaillon de Condottiere.
Bronze fondu sur terre molle.

67. Vieux philosophe.
Bronze fondu sur terre molle.

IMPRIMERIE
FRAZIER-SOYE
153, Rue Montmartre
PARIS